J.-B. MARGUET

LES HYPOCRITES

SATIRE DE JUVÉNAL

TRADUITE EN VERS FRANÇAIS

Précédée d'une

ÉTUDE SUR HORACE ET JUVÉNAL

PAR LE DOCTEUR CRESTIN

LYON
IMPRIMERIE DE LA PROVINCE
L. DUC & F. DEMAISON
Éditeurs de l'Académie des Lettres de la Province
101, Grande rue de la Guillotière, 101

188[illegible]

J.-B. MARCHET

LES HYPOCRITES

SATIRE DE JUVÉNAL

TRADUITE EN VERS FRANÇAIS

Précédée d'une

ÉTUDE SUR HORACE ET JUVÉNAL

PAR LE DOCTEUR CRESTIN

LYON

IMPRIMERIE DE LA PROVINCE

L. DUC & F. DEMAISON

Éditeurs de l'Académie des Lettres de la Province

101, Grande rue de la Guillotière, 101

1882

AVANT-PROPOS

DEUX POÈTES DE LA DÉCADENCE

DE ROME

Le commencement de la décadence de Rome coïncide avec la conquête d'Athènes par les Romains.

Les armes des Quirites eurent raison de cette capitale des politiciens et des raffinés. Par ses vices qu'elle lui communiqua, la Grèce à son tour détruisit l'empire, c'est-à-dire le monde civilisé devenu romain.

La république romaine fut asservie par les plus intelligents de ses patriciens dont la jeunesse avait été cultivée et corrompue dans les gymnases d'Athènes par des interprètes d'Aristote et par ses éloquents rhéteurs. L'instruction, en effet, sans le développement du sens moral, ne sert qu'à développer la puissance de l'égoïsme.

Horace, fils d'affranchi, condisciple des fils de patriciens aux écoles de la Grèce, cœur de Sybarite, esprit éclectique avide de sécurité et admirateur non pratiquant de la vertu romaine, s'enfuit du camp républicain de Brutus, et s'abrite sous les aigles de César, refuge des ambitieux et des avisés.

Mais, en adulant César, il semble maudire les mœurs romaines, cause de la Révolution et du coup d'Etat politiques.

> *Quid leges sine moribus*
> *Vanæ proficiunt.*

Ces mœurs génératrices du despotisme ne furent point amendées, il s'en faut, dans le sens du mieux, par les *attentats de Pharsale et d'Actium*.

Horace, contemporain de ces coups d'Etat sanglants, qu'on appelle encore des victoires, dans ses satires, a légèrement critiqué les habitudes et les altérations du sens moral chez les Romains de son temps. Il s'excuse de son admiration pour César Auguste, en rendant ses concitoyens responsables des succès de cet ambitieux. La servitude, c'est leur mollesse qui l'a appelée. L'usurpation des droits du plébéien et du sénateur, c'est le peuple romain qui en a été complice. Il s'en est accommodé, lui, Horace, comme le *Chien* de La Fontaine, qui, ne pouvant défendre le dîner de son maître contre une meute affamée, finit par se décider à en dévorer sa part.

Juvénal, au contraire, est un vieux, un fier, un austère Quirite. La corruption est à son comble. Son patriotisme républicain, sous l'ensevelissement par près de deux siècles de Césarisme de tout sentiment national, se soulève et tâche de soulever la fierté romaine.

Il est brutal. Sa brutalité qu'une traduction en vers, peut seule reproduire, est une vertu, non une indécence.

Les expressions, d'une crudité saisissante même dans le latin, sont la seule forme dont son indignation puisse se revêtir, sans se dénaturer.

Ne croyez pas que, produites par un sentiment généreux, ces crudités de langage puissent effaroucher un lecteur intelligent et viril ; ne croyez pas qu'elles puissent déflorer une imagination neuve ou flétrir une ingénuité délicate, que sa délicatesse même met à l'abri d'une curiosité malsaine.

M. Marchet a déjà publié deux satires de Juvénal. La première : le *Turbot*, c'est la démonstration de l'abaissement d'un peuple sous la domination absolue, et non-seulement de l'abaissement d'un peuple dans sa masse, mais encore de l'avilissement des plus hauts et des plus orgueilleux.

La deuxième : l'*Exemple*, c'est l'analyse de la puissance de l'enseignement par les actes, et du développement méthodique de l'intelligence et du caractère en prenant comme point de départ cette faculté humaine, la première qui apparaisse quand notre organisation se forme : l'imitation.

La troisième, enfin, qui paraît aujourd'hui, retrace l'*hypocrisie*, ce vice de tous les temps, parce qu'il est le plus commode de tous. C'est lui qui apprend au pire des hommes, à se couvrir des apparences du meilleur, et qui conduit ainsi les faibles, (la plupart) à la ruine, au désordre, à la corruption, à la crédulité ou à l'incrédulité naïves, en précipitant une décadence nationale, que les politiciens exploitent à leur profit particulier.

La traduction et la publication de ces satires, nous semble, à l'heure présente, de la plus grande opportunité, non-seulement au point de vue politique, mais encore au point de vue social, et nous félicitons sincèrement M. Marchet d'avoir saisi cette indication générale.

Dᵣ CRESTIN.

PRÉFACE

———

Je livre sans commentaires cette nouvelle satire, laissant au lecteur le soin de la juger, de la critiquer et d'en faire à nos mœurs actuelles les applications qu'il lui plaira d'y trouver. En voici l'argument :

Juvénal attaque dans cette satire tous ces censeurs austères, ces prétendus sages qui, jugeant trop sévèrement les mœurs de leur époque, tonnaient, selon son expression, contre les libertins, et étaient eux-mêmes aussi corrompus que ceux qu'ils attaquaient avec tant de rigueur.

Il introduit une dame romaine, Laronia, qui, s'adressant à ces philosophes hypocrites, les confond par une critique des plus violentes, se moque de leur prétendue sagesse, et, prenant la défense de son sexe, leur applique les vices qu'eux-mêmes rejetaient sur les femmes. Ce sévère satirique s'adressant ensuite aux magistrats leur reproche en la personne de Créticus leur mollesse et leur tenue efféminée. Il flétrit la turpitude des prêtres de Cérès et de Cybèle, l'infamie des Grands issus de nobles races, qui ne craignent pas de se prostituer dans les crimes les plus odieux, dont les Romains de la décadence pouvaient seuls donner au monde un aussi triste exemple. Le poète latin termine cette satire par une dure apostrophe aux impies qui élèvent leurs enfants dans l'incrédulité aux croyances religieuses ; funeste présage pour l'avenir. Il fait quelques sages réflexions sur les destinées de l'homme, la futilité des choses humaines, et le danger des grandes cités telles que Rome, où les jeunes étrangers qui y sont amenés, ne tardent pas à se pervertir au sein de cette civilisation dorée et à laisser dans l'oubli les mœurs simples et austères de leur patrie.

Lyon, le 20 avril 1882.

J.-B. MARCHET.

LES HYPOCRITES

Je fuirais volontiers au-delà des Sarmates,
Et jusques au confins de l'Océan glacé,
Quand je vois ces censeurs, tous ces vils acrobates,
Venir avec audace, et d'un zèle empressé,
Critiquer, de nos mœurs, la suprême influence.
De l'humble austérité des anciens Curius
Ils osent se couvrir ; gens remplis d'ignorance,
Etalant bien en vain, du sage Pittacus,
D'Aristote, Chrisippe, ou même de Cléanthe ;
Dans leurs riches maisons, les bustes vénérés.
Car pour eux c'est le luxe et la marque éclatante
De la perfection, de s'en voir entourés.

Que l'homme est donc trompeur ! on ne voit que cynique
A la figure austère. Oses-tu bien sévir
Contre l'obscénité, toi du clan socratique
Le plus impur cloaque ? Ah ! tu devrais rougir.

Tu veux cacher en vain, ta débauche secrète
Ton médecin sourit, il pense en te voyant
Aux soins qu'il t'a donnés ; mais sa bouche discrète,
Nous tait ce qui n'échappe à son œil clairvoyant.
Ils parlent rarement, affectent le silence,
Portent les cheveux courts, et les sourcils bien longs,
Cachant sous les dehors d'une fausse décence,
De leur cœur corrompu, les viles passions.
De Péribonius, j'aime mieux la franchise.
De ses vices du moins, on le voit hautement
Afficher les excès, qu'on juge sans méprise
A ses traits altérés, à son pas indolent.
Ses pareils sont des fous, aussi je leur pardonne
Car j'ai vraiment pitié de leur naïveté.
Cette troupe insensée au vice s'abandonne
Sans but pour contenter sa sotte vanité.
Mais soyons sans pitié pour les censeurs austères,
Comme Hercule tonnant contre la volupté,
De la vertu vantant les effets salutaires
Et recherchant le vice avec avidité.
« Suis-je donc plus couvert que toi d'ignominie ?
« Crois-tu m'intimider, ô cynique Sextus ?
« De te croire moins vil, aurais-tu l'infâmie ? »
Se récrie indigné l'obscène Varillus.

Celui qui se tient droit, et dont la marche est sûre,
Peut rire impunément, d'un boiteux impotent.
Le blanc Européen, peut trouver la figure
Du noir Ethiopien, d'un aspect repoussant.

Mais qui pourrait se taire et cacher sa surprise,
Si les Gracques venaient, de la sédition
Arrêter les complots ? une telle entreprise
Ne serait-elle pas contraire à la raison ?
Qui ne confondrait pas et le ciel et la terre
Et pourrait contenir son indignation,
Si Verrès réclamait un châtiment sévère
Pour punir le brigand, si l'odieux Milon
Condamnait l'homicide, et Clodius, l'adultère,
Et si Catilina trahissait Céthégus
Lui qui, de Rome, avait juré la perte entière,
Quand il vit ses desseins par les Dieux confondus.
Que penser si les trois disciples si fidèles
Du redouté Sylla, voulaient mettre une fin
A ces proscriptions, à ces morts si cruelles
Dont tant de citoyens subirent le destin.
Comme cet empereur (1), qui souillé tout naguères
D'un inceste odieux, osait renouveler
De rigoureuses lois contre les adultères,
Lois dont Mars et Vénus, d'effroi, pourraient trembler,
Tandis que l'impudique et l'infâme Julie (2),
Odieuse à jamais par tant d'avortements,
Arrachait de ses flancs, et privait de la vie,
O forfait monstrueux ! des lambeaux palpitants,
Qui, par leur ressemblance, accusaient le coupable.
Il n'est bien que trop vrai que les plus corrompus,
Que tous ceux dont la vie est la plus exécrable,
Rejettent leur mépris sur tous ces faux Scaurus.

---

(1) Auguste.
(2) Julie, nièce d'Auguste.

Laronia ne put souffrir l'enthousiasme,
D'un farouche Romain qui s'écriait toujours :
« Belle loi Julia (1), dormez-vous ? » Son sarcasme
Sans pitié le poursuit : « Ah oui ! le beau recours »,
Lui dit-elle en riant, « d'avoir un tel modèle,
« Siècle heureux que le nôtre, et bientôt la pudeur
« Va renaître dans Rome, à tous nos vœux fidèle.
« Un troisième Caton nous revient, quel bonheur
« Nous accorde le Ciel ! Mais votre barbe épaisse
« Exhale des parfums bien doux et bien exquis.
« Ah ! ne rougissez pas, de me donner l'adresse
« Du marchand qui vous vend d'aussi rares produits,
« Mais si vous prétendez, de nos lois assoupies
« Réveiller la torpeur ; rappelez aussitôt
« La loi Scantinia. Sous vos lois asservies,
« Nous gémissons par trop, réformez-vous plutôt,
« Vous, hommes corrompus ; car vos mœurs dépravées
« Vous rendent, sachez-le ; plus odieux que nous,
« Vils contempteurs des lois que vous avez bravées.
« Mais l'intérêt du vice établit entre vous
« Une rare concorde, et vous donne l'audace
« D'oser tout entreprendre avec impunité.
« Vous ne sauriez du moins nous reprocher en face,
« Vos coupables excès, votre cupidité.
« Et vous ne pourriez pas nous appliquer le blâme
« Que l'on jette sur vous. Flora ni Tœdia
« N'ont jamais corrompu par leur conduite infâme
« Et leurs mauvais conseils Catulla ni Cluvia.

---

(1) Lex Julia de Matrimoniis, édictée par l'empereur Auguste.

« Tandis que l'odieux Hispo... jetons un voile

« Sur ses noirs attentats, son immonde impudeur ;

« Sa marche chancelante aussi bien nous dévoile

« Cette double infamie et nous remplit d'horreur.

« Nous entend-on plaider, et sur vos lois civiles

« Discuter ? Allons-nous dans tous vos tribunaux,

« Faire entendre partout nos clameurs inutiles ?

« Quelques-unes de nous, recherchant les travaux

« Contraires à leur sexe, et pleines de courage,

« S'exercent à la lutte, et ne dédaignent pas

« De se nourrir du pain qui seul est le partage

« Du vigoureux Athlète (1). Ah! bien peu sur leurs pas

« Osent s'aventurer, tandis que vous, émules

« De ces femmes de rien, que dans un bouge infect

« On enchaîne toujours, vous filez sans scrupules,

« Comme elles, de la laine, et perdant tout respect,

« Rapportez chaque jour, la tâche terminée,

« Tandis que le fuseau tourne en vos doigts légers

« Bien plus rapidement qu'entre ceux d'Arachnée,

« Ou Pénélope en pleurs, sous ses toits outragés.

« D'Hister nous connaissons la raison ignorée ;

« Quand à son affranchi tous ses biens sans retour

« Furent légués ; pourquoi son épouse adorée

« De présents, lui vivant, fut comblée à son tour.

« Convolez au plus tôt, jeunes filles légères,

« Convolez à l'envi, mais surtout taisez-vous,

« Car de riches présents cachant tous vos mystères,

« Imposeront silence à vos faibles époux.

---

(1) Ce pain dont parle Juvénal, était spécialement préparé pour les Athlètes et, dans sa composition, entraient des substances qui leur donnaient de la vigueur. Pline parle aussi de ce pain spécial qu'il appelle *Pâtée gladiatoriale*, gladiatoria sagina.

« Et c'est nous les témoins d'une telle infâmie,
« Qu'on ose ainsi juger avec tant de rigueur ;
« Épargnant les corbeaux, on se donne l'envie,
« D'attaquer la colombe avec tant de fureur ! »

Tous mes Stoïciens, d'une telle réplique,
Convaincus aussitôt, s'enfuirent confondus,
Contre les arguments de ta dure critique,
Ils se seraient, je crois, vainement défendus,
Cruelle Laronia. Aussi quelle licence
Se permettront bientôt les autres habitants,
Quand tu viens Créticus, nous montrer l'impudence
D'un orateur portant des tissus transparents (1),
Oser venir encore, et plein de hardiesse,
Légèrement couvert et d'un pas négligent
Vers le peuple indigné d'une telle mollesse,
Des Proculas, flétrir l'affreux débordement.
Condamne si tu veux Labulla l'adultère,
Flétris Cosinia d'un sanglant jugement ;
Mais sache qu'à leur tour, ô magistrat austère !
Ces femmes rougiraient d'un pareil vêtement.
Je ne puis supporter l'ardente canicule ;
Alors plaide tout nu : Chez toi le déshonneur,
Peut s'allier sans peine avec le ridicule,
Puisque de te couvrir tu n'as pas la pudeur.

------

(1) Jules César est le premier qui inaugura cette mode de porter des
vêtements pareils. Tibère les abolit. Mais Caligula ayant paru en public
en robe de soie, cette mode se propagea rapidement et surtout chez les
hauts personnages.

Il eût fallu qu'au temps de nos nobles ancêtres,
Alors que des combats ils revenaient vainqueurs,
Ou quittaient leur montagne et leurs maisons champêtres,
A ces anciens Romains, on vit des orateurs
Oser dicter des lois. Si tu voyais un juge,
Même un simple témoin pareillement vêtu,
Que ne dirais-tu pas ? Créticus, que l'on juge
Esprit si libéral, être ainsi revêtu !
L'exemple t'est funeste : il peut corrompre encore
Bien d'autres citoyens, s'il est vrai qu'un seul grain
Empoisonne une grappe ; et qu'un seul fait éclore
Dans un troupeau, du mal, le funeste levain.

Un jour ce vêtement sera ton moindre opprobre,
Ce n'est que par degrés, qu'on arrive bientôt
Au comble d'infamie, et toi qui fus si sobre,
Nous te verrons alors devenir aussitôt
Le digne associé de ces prêtres mystiques
Qui dans leur assemblée, en secret réunis,
Vont surcharger leurs chefs d'aigrettes magnifiques,
Et leurs cous de colliers pompeusement garnis.
Qui savent s'attirer de la bonne Déesse (1)
Le bienveillant regard, en lui sacrifiant
Une bien jeune truie ; et lui font la promesse
D'un grand vase rempli d'un nectar succulent ;

----

(1) Cybèle.

Pour pénétrer chez eux, les hommes seuls sont aptes.
Profanes, hors d'ici, retirez de ces lieux,
Vos chanteuses aussi. Tels autrefois les Baptes,
Dans Athène important leur rit mystérieux,
Célébraient dans la nuit leurs coupables orgies ;
L'un se peint les sourcils et le contour des yeux,
En promenant sur eux les aiguilles noircies,
Donnant à sa figure un air voluptueux.
Celui-ci titubant, bien en vain désaltère,
Par ses chants prolongés, son gosier desséché,
En buvant à long trait dans un Priape en verre.
Se couvrant d'une robe en tissu vert broché,
Dans un filet doré, comme une courtisane,
Il serre ses cheveux, tandis que près de lui,
Son esclave aussi fat, tout joyeux se pavane,
Invoquant, de Junon, le souverain appui.
L'autre tient le miroir, que vain comme une femme
Portait Othon, plus fier, que Turnus glorieux
Des dépouilles d'Auruns ; et dans lequel l'infâme
Contemplait son regard qu'il croyait belliqueux.
Se peut-il qu'un miroir entre dans les bagages
D'un général d'armée, au moment des combats ?
Ce trait mérite bien d'être inscrit dans les pages
De notre histoire, en traits qui ne s'oublîront pas.
N'est-ce pas un exploit, en vérité, bien digne
D'un valeureux guerrier que de soigner son teint
Et de venir ensuite en un complot indigne
Assassiner Galba ? D'un noble citoyen
Ne faut-il pas aussi tout le mâle courage
Pour combattre à Bébriac par l'attrait du butin
Et de ses propres mains s'empâter le visage ?
Exploit digne vraiment d'un général romain !

L'Assyrie autrefois à sa reine guerrière (1),
Ne reprocha jamais un délit si honteux ;
Ni l'Egypte, à Cléopâtre, en sa tristesse amère,
Déplorant d'Actium, le combat désastreux.

Ici, point de pudeur ; et toute bienséance
Des discours est bannie ; à ces honteux repas,
On n'entend que propos entachés d'impudence,
On ne voit que Laïs étalant leurs appas.
Le vieillard qui préside à ces cérémonies,
Fanatique éhonté, couvert de cheveux blancs,
Par sa voracité, par sa soif inouïes,
Mérite de former des sectateurs ardents.
Pourquoi s'arrêter là ; pour être plus logiques,
Ne devraient-ils donc pas imitant le Harem,
Et du rit phrygien, sectateurs fanatiques,
Sans jamais hésiter... *abcindere Carnem*.

Gracchus apporte en dot une somme insensée (2),
On signe le contrat, on formule des vœux,
Des amis invités, la foule est empressée
De s'asseoir au festin de ce couple odieux.
Devons-nous implorer le censeur, l'aruspice,
Suprêmes magistrats ; à qui donc recourir ?
Et serait-ce à vos yeux un plus grand maléfice,
Si des flancs d'une femme un veau venait surgir ?

---

(1) Sémiramis.
(2) 400,000 sesterces.

C'est ce même Gracchus qui traînait hier encore
Le faix des boucliers mystérieux, unis
Par un secret lien, et qui se déshonore,
Par des crimes honteux, à tous jamais honnis.
O Mars, dieu protecteur, quel funeste génie
Alluma dans le cœur de nos Pasteurs latins,
Ces exécrables feux ! de quelle ignominie
Tes enfants à jamais ont terni leurs destins,
Tu restes immobile, ô toi, Dieu de la guerre !
Tu ne puniras pas cet indigne pays ;
Tu n'imploreras pas les foudres de ton père,
Pour frapper aussitôt de semblables délits ?
— Demain au point du jour une affaire importante
M'appelle au Quirinal (1).— Ah ! quelle affaire ! — Eh quoi !
Vous l'ignorez ? — C'est vrai. — Mon ami se contente,
Dans un étrange hymen il engage sa foi.
Vivons un peu de temps, et nous verrons encore
Se former en public ces exécrables nœuds,
Forfaits si monstrueux, que la nature abhore,
Et que l'Enfer vomit de ses antres affreux.
Mais un autre Gracchus, égala bien sans peine
De semblables horreurs ; quand armé du trident,
Comme un Gladiateur (2), on le vit de l'arène
Parcourir l'étendue, et fuir honteusement.

---

(1) La vallée Quirinale.

(2) Il n'était pas rare à cette époque de voir des hommes libres, même des sénateurs et des patriciens se livrer par goût et quelquefois par nécessité aux professions les plus vulgaires. — « On vit des hommes portant les plus illustres noms, se faire bateleurs ou cochers de cirque, et un Gracchus, devenu gladiateur retiaire, livrer aux divertissements de la populace le petit-fils de Cornélie. » — Amédée THIERRY. Tableau de l'Empire romain.

Lui qui par sa naissance, et toutes ses richesses,
Surpassait Fabius, les Capitolinus,
Les Marcelus, celui qui payait ses largesses,
Et tous les spectateurs aux premiers rangs venus.

Qu'il existe un Enfer, des mânes, des ancêtres,
Et de hideux serpents dans les gouffres du Styx,
Dans la barque à Caron que tant de milliers d'êtres
Passent l'onde fatale et comme le phénix
Ne puissent pas renaître en leurs cendres éteintes,
Les enfants ne croient plus à ces dogmes certains,
Ayant à peine atteint à cet âge où sans craintes,
Ils peuvent en payant pénétrer dans les bains.
Pour nous, gardons-nous bien de nous rendre coupables
De cette impiété. Que pense un Curius,
Un Fabrice, un Camille à jamais mémorables,
Et les deux Scipions, et Caton, et Brutus,
Et tant de citoyens moissonnés à Crémère,
Où dans Cannes tombés en vaincus valeureux,
Quand franchissant le seuil que surveille Cerbère,
Ces ombres de penseurs paraissent devant eux.
Ils doivent regretter de ne trouver ni soufre,
Ni même du laurier pour se purifier.
O malheureux mortels, c'est pourtant dans ce gouffre
Que vous viendrez un jour, vos forfaits expier !
Qu'importe d'avoir joint les nombreuses Orcades,
La Bretagne, l'Afrique à l'Empire romain,
D'avoir de l'Hibernie asservi les peuplades,
Et dompté dans leurs murs les valeureux Germains,

Les vaincus n'auront pas à rougir davantage,
Des vices des vainqueurs si ce n'est Zalatès,
L'Arménien, dans Rome, amené comme ôtage,
Et qui ne tarda pas par ses honteux excès,
A surpasser bientôt l'affreux libertinage
De nos propres enfants. Mais dans notre cité
Les jeunes étrangers, dans leur vil entourage,
Ont laissé de leurs mœurs la simple austérité.
Ils renoncent bientôt aux mâles exercices
De leur pays natal, délaissent leurs chevaux,
Leurs armes et les jeux qui faisaient leurs délices
Et reviennent chez eux corrompus, immoraux.

Lyon. — Imp. Duc et Demaison, Grande-Rue de la Guillotière, 101.

POUR PARAÎTRE PROCHAINEMENT

LES NOBLES

LE LUXE DE LA TABLE

LES PARASITES